A Rookie reader® español

El clóset
de Bessey, la Desordenada

Escrito por Patricia y Fredrick McKissack

Ilustrado por Dana Regan

Children's Press®
Una División de Scholastic Inc.
Nueva York • Toronto • Londres • Auckland • Sydney
Ciudad de México • Nueva Delhi • Hong Kong
Danbury, Connecticut

Para Ruth y Martha y para nuestros amigos
de la Cooperating School District
—P. y F.M.

Asesoras de lectura

Linda Cornwell
Coordinadora de la calidad escolar y el mejoramiento profesional
(Asociación de Profesores del Estado de Indiana)

Katharine A. Kane
Asesora educativa
(Jubilada de la Oficina de Educación del condado de
San Diego y de la Universidad Estatal de San Diego)

Biblioteca del Congreso. Catalogación de la información sobre la publicación

McKissack, Pat, 1944-
   [El clóset de Bessey, la Desordenada. Español]
   El clóset de Bessey, la Desordenada / escrito por Patricia y Fredrick
McKissack; ilustrado por Dana Regan.
       p. cm.—(Un lector principiante de español)
   Resumen: Bessey, la Desordenada aprende una lección acerca de
compartir cuando limpia su clóset.
       ISBN 0-516-22684-3 (lib. bdg.)   0-516-27796-0 (pbk.)
       [1. Limpieza—Ficción. 2. Orden—Ficción. 3. Compartir— Ficción.
4. Afroamericanos. 5. Cuentos con rima. 6. Materiales en idioma español.]
I. Regan, Dana, ilustr. II. Título. III. Serie.
PZ74.3.M352 2002
[E]-dc21   2002067353

CHILDREN'S PRESS, AND A ROOKIE READER® y los logotipos relacionados
son marca y/o marca registrada de Grolier Publishing Co., Inc. SCHOLASTIC
y los logotipos relacionados son marca y/o marca registrada de Scholastic Inc.
1 2 3 4 5 6 7 8 9 10 R 11 10 09 08 07 06 05 04 03 02

¡Mira, Bessey, *la Desordenada!*
¿Qué ves?
Tu clóset, Bessey,
¡está tan desordenado!

3

Mira. Abres la puerta del clóset,
y todo cae al suelo.

Vamos ya, Bessey,
la Desordenada.
Hay mucho por hacer.

Tu cuarto está limpio y lindo.
Ahora limpia también tu clóset.

Así que Bessey limpió el clóset.
No se tardó mucho.

Todo se veía de maravilla.
Pero algo más estaba mal.

Bessey, *la Desordenada* miró
a su alrededor.
Estaba verdaderamente confundida.
¿Qué hacer con todas las cosas
que nunca usaba?

Una pelota,
una cuerda,
un sombrero de paja viejo,

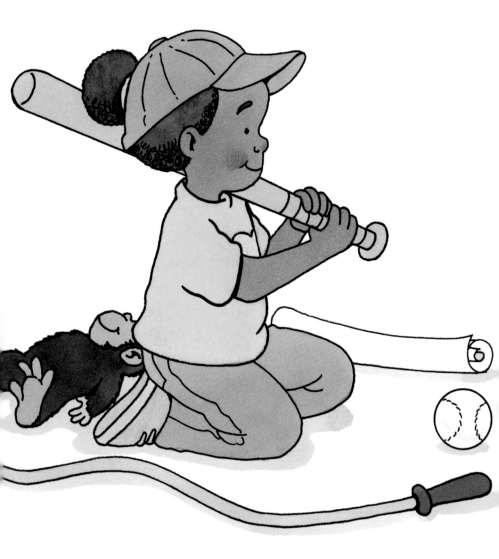

rompecabezas, juegos
y un bate de béisbol.

Una máscara de Halloween
y una capa de vampiro,

carteles de dinosaurios
y un mono gracioso.

Luego a Bessey, *la Desordenada*
se le ocurrió algo.
Y eso fue lo que hizo todo el día;
amar, compartir,

aprender,
cuidar de los demás,

regalarlo todo.

Ahora, ¡mira lo que has hecho,
señorita Bessey,
estamos tan orgullosos de ti!

Tu cuarto y tu clóset,
como tú,
¡están absolutamente bellos!

Lista de palabras (103 palabras)

a	confundida	las	regalarlo
abres	cosas	le	rompecabezas
absolutamente	cuarto	limpia	se
ahora	cuerda	limpio	señorita
al	cuidar	limpió	sombrero
algo	de	lindo	su
alrededor	del	lo	suelo
amar	demás	los	también
aprender	desordenada	luego	tan
así	desordenado	mal	tardó
bate	día	maravilla	ti
béisbol	dinosaurios	más	todas
bellos	el	máscara	todo
Bessey	eso	mira	tu
cae	está	miró	tú
capa	estaba	mono	un
carteles	estamos	mucho	una
clóset	están	no	usaba
como	fue	nunca	vamos
compartir	gracioso	ocurrió	vampiro
con	hacer	orgullosos	veía
	Halloween	paja	verdaderamente
	has	pelota	ves
	hay	pero	viejo
	hecho	por	y
	hizo	puerta	ya
	juegos	que	
	la	qué	

Acerca de los autores

Patricia y Fredrick McKissack son escritores y correctores que trabajan por cuenta propia, residentes del condado de St. Louis, Missouri. Sus premios como autores incluyen el Premio Coretta Scott King, el Premio Jane Addams Peace, el Newbery Honor y la Regina Medal de 1998 de la Catholic Library Association. Los McKissacks han escrito además *Messy Bessey*, *Messy Bessey and the Birthday Overnight*, *Messy Bessey's Family Reunion*, *Messy Bessey's Garden*, *Messy Bessey's Holidays* y *Messy Bessey's School Desk* en la serie Rookie Reader.

Acerca de la ilustradora

Dana Regan nació y creció en el norte de Wisconsin. Se trasladó al sur a la Universidad de Washington de St. Louis y eventualmente a la ciudad de Kansas, Missouri, donde ahora vive con su esposo Dan y sus hijos Joe y Tommy.